17 octobre 1905
Cantaing

Etude de Me FLAMAND, notaire,
19, rue de Noyon, CAMBRAI.

CANTAING

RICHE

MOBILIER

A VENDRE

par adjudication volontaire

POUR CAUSE DE DÉPART

le MARDI 17 OCTOBRE 1905

et jours suivants à MIDI et 1/2 à CANTAING

en la demeure de

M. FAILLE-DELÉCAILLE

I. *Meubles divers*

193 **Chiffonnier Secrétaire Louis XV marquetterie et cuivres.**
211 Porte-Chapeaux bois courbé.
216 **Vitrine chêne sculpté.**
219 Fauteuil acajou étoffe.
220 Tabouret sans-façons tapisserie.
221 Table à jeux.
222 Ecran chêne et tapisserie.
225 Pouf soie.
273 Paravent Liberty.
296 Petite Commode merisier.
300 Table à thé Tipolin.
315 Table à jeu.
316 d°
347 Table acajou.
348 Table à thé noyer filets or.
373 **TRÈS BELLE CHAISE CURULE A DOME, XVe SIÈCLE, BOIS SCULPTÉ, TRÈS BEAUX PANNEAUX.**
402 4 Tables Gigogne céramique.
404 à 409 inclus : **1 Fauteuil et 5 Chaises Empire soie cerise et or.**
410 Ameublement vannerie et Tipolin vert comprenant : 1 Canapé, 2 Chaises, 2 Fauteuils.
413 Liseuse.
418 Corbeille à papiers.

419 Fauteuil de bureau.

420 Bureau à casiers.

422 Travailleuse.

426 Porte-journaux.

429 Table chêne céramique.

430 Paravent Liberty.

432 Ameublement bois verni et courbé comprenant : 1 Canapé, 1 Fauteuil, 4 Chaises, 1 Berceuse.

433 Sellette bois.

440 **COMMODE BOIS DE ROSE DESSUS MARBRE.**

444 Berceuse acajou velours anglais.

449 Chevalet noyer filets or.

451 Petite table acajou, dessus céramique.

452 Divan peluche verte.

453 Petit meuble armoire chêne, glace dépolie.

456 Fauteuil confortable sac arabe.

457 Lit de repos d°

458 Fauteuil de lecture d°

459 **CONSOLE EMPIRE, ACAJOU ET BRONZE, TRÈS BEAU MARBRE GRIS.**

462 **Canapé empire acajou et bronze, drap rouge.**

469 **Meuble causeuse liseuse acajou, velours anglais, vitraux.**

470 Paravent chêne, 4 feuilles.

473-474-475-479-499-500 6 Pliants velours anglais.

476 Tabouret de piano.

478 Table octogone marbre blanc.

497 **Bibliothèque empire acajou et bronze, dessus marbre.**

501 Table ronde noyer.

510 Prie-Dieu tapisserie, acajou.

516 Table de nuit bois noir, marbre blanc.

522 **Chiffonnier Louis XVI, 3 tiroirs, dessus marbre blanc.**

562 Fauteuil palissandre soie rouge.

600 Table ronde acajou.

604 Table longue dessus marbre.

611 **Lit à colonnes tilleul, garniture étoffe.**

614 Table céramique chêne.

617 Armoire.

655 Bidet.

702 **Encoignure Louis XVI.**

723 **Chiffonnier bois noir, marquetterie.**

731 **Table, boule marquetterie.**

733 **TRÈS BELLE ARMOIRE ANCIENNE, HENRI II, PORTES PLEINES.**

773 Prie Dieu, bois noir et tapisserie.

775 Fauteuil confortable, couvert étoffe.

776 Table longue, Tipolin, dessus marbre.

784 **Petite commode palissandre et tiroirs, dessus marbre.**

787 Paravent soie.

800 Etagère empire.

804 Table pliante Tipolin.
806 Bidet pliant.
859 Garde-robe, deux portes chêne.
860 } Baignoire et chauffe-bains.
861
870 Etagère acajou et bibelots.
876 d°
877 Table de nuit, Chiffonnier, noyer.
883 d°
878 Prie Dieu, bois sculpté, couvert étoffe.
885 **Console empire, acajou et cuivre, marbre blanc.**
892 Table coiffeuse, garnie étoffe.
901 Tabouret, vieux chêne.
902 d°
903 Tabouret Suisse, bois sculpté.
904 d°
908 Fauteuil } noyer, garniture étoffes.
909 à 912 4 chaises
915 Bidet noyer.
937 Armoire, glace biseautée, bois noir.
944 Commode Tipolin, dessus marbre.
1073 Grande table chêne sur treteaux.
1074 Machine à boucher.
1075 Grande table marbre.
1096 Coffre-fort.
1110 Commode, dessus marbre.
1153 Chaise pliante, fer et tapisserie.
Grand bureau.
Coffre-fort.

II. Porcelaines, Faïences, Bibelots

---

1 à 20 inclus 29 à 38 inclus 43 à 46 inclus 64 à 66 inclus 71 à 131 inclus 137 à 155 inclus	104 Assiettes diverses, faïence et porcelaine Rouen, Delft, Saint Amand, Sinceny, Gien, etc., etc.

22 Plat Delft
24 Potiche d°
26 d° d°
28 Plat d°
39 Plat d°
40 Plat faïence décorée.
41 Plat Chine.
48-49 50 **Garniture Delft, 2 bouteilles et une potiche.**
51 Théière Chine.
52 Potiche Delft.
53 Vase Chine.
54 Gourde incrustée or.
55 Pot à tabac grès.
56 Jatte Chine.
57 Beurrier Limoges.
58 2 Vases Chine.
59 Vase Delft.
60 Pot à thé Delft.

61 **CHINOIS ARTICULÉ, PORCELAINE SAXE.**

62 Pot à crême.

63 Vase Delft.

67 et 74 **2 Anges Rouen.**

68
69 Garniture Delft, 2 vases, 1 potiche.
70

69 Vase Delft.

70 d°

132 Couvercle de soupière.

133 Pot grès

134 Pot faïence décorée.

135 **Pot Sinceny.**

136 Pot faïence décorée.

176 Potiche.

177 Service de fumeur.

190-191 2 Coupes Saxe.

195 Ivoire Japonais.

196 Petit Grès.

197 Ivoire Japonais.

215 Jardinière faïence

223 Encrier cristal

227 Plat faïence ancienne.

229 d°

233 Boîte vide-poches, chêne et métal.

234-335 2 Coupes Bohême

236-237 2 Vases filigrane.

239 Verre Venise.

242 Cadre à photo.

243 Napoléon ivoire.

244 Vase fleurs.
249 Pétrification, cadre bois.
253-267 Bébés dentelle.
254 **Coffret Saxe.**
255 Vase.
256 Vase cristal.
258-262 Vieux Venise.
260 Pot terre Golfe de Juan.
261 Petit bronze.
263 Danseuse simili-ivoire.
264 Presse-papiers « Miss-Helyet ».
265 Bonbonnière.
266 Vase.
272 Ivoire « Vierge et Enfant » sur applique chêne.
276-392 2 Plateaux porcelaine décorée.
278 390 **2 Vases Sèvres, monture bronze.**
281-288 2 Vases forme triangulaire, cristal et bronze.
286 2 Pare-lumière.
287 **Groupe biscuit sur socle.**
295 Vase bronze.
307-308 2 Théières.
310 Tasse.
313 314 2 Potiches Chine.
326 327 **2 Vases Chine doré.**
328 329 **2 Vases Sèvres, monture bronze.**
335 Coupe Bohême.
344 **Cache-pot vieux Rouen.**
365 **Jardinière d°**

366 Cornet Delft.

369 Potiche Delft, pharmacie.

378-379 / 382-383 **2 potiches Sèvres, socle peluche.**

380-381 2 Tasses.

385 Beurrier Nevers.

386-389 2 Tasses Chine

403 Plat bronze doré incrusté.

412 **Baromètre doré Louis XVI.**

414-415 **2 GRANDES POTICHES LAMPADAIRE CHINE, MONTURE BRONZE.**

427 Vase Chine.

428 Potiche Delft.

435 Petit Vase Japon.

436 Vase tube Chine.

437-438 **2 GRANDS VASES CHINE, FAMILLE VERTE.**

439 **SERVICE DE LAVABO CHINE, 7 PIÈCES.**

441 Potiche Chine

447 Corbeille faïence

450 **Grand vase Sèvres.**

461 Coupe monture bronze.

477 **Baromètre Louis XVI, doré.**

485 Huilier Delft.

486 Potiche.

465-466 **2 Vases Chine blancs.**

489 Plat faïence

490 Vide-poches cristal.

491 Huilier Delft.
492 Vase Gallé cristal dépoli.
495 **Guitare ancienne.**
506 Plat faïence.
515-517 2 Vases à fleurs, bleu et or.
518-519 2 Vases.
520 Soupière faïence ancienne.
521 Verre d'eau cristal 5 pièces et plateau.
527 Veilleuse porcelaine.
569 Crémier Limoges.
570-582-583-584-586 / 590-587-588-589 **Service à thé empire porcelaine dorée** 9 pièces.
572-575-576-578 / 579-580-581 **Service à thé vieux Lille au barbeau** 8 pièces.
573 10 Assiettes vieux Lille.
574 Jatte faïence ancienne.
585 Veilleuse porcelaine.
591-592 **2 Vases empire porcelaine peinte.**
593-594 2 Ecailles peintes.
596 Verre d'eau cristal décoré.
597 Veilleuse porcelaine décorée.
603 Plat faïence Polychrome.
605 Corbeille faïence.
609 Vide-poches écaille.
615-616 2 Vases albâtre.
691 **Baromètre doré Louis XVI.**
728 **Verre d'eau cristal pointe de diamant, 5 pièces et plateau.**
734-736 2 Vases décorés.
735 Jardinière faïence.

759 Corbeille faïence.
750 Filtre.
767-768 2 Vases rouges à fleurs.
780-781 2 Vases à fleurs.
833-835-836 3 Plats faïence.
890 Statuette Vénus.
893 Veilleuse porcelaine.
895 Coupe porcelaine décorée.
907 Bénitier biscuit.
914-940 2 Porte-chapeaux, bois de chevreuil.
952-956 5 assiettes faïence

III. *Tableaux, Gravures, Terres cuites, Bronzes*

---

31 Peinture « La Folie » de Cardon, cadre doré.
47 d° « Le Moulin » d° d°
84 d° **« Intérieur de Basse-Cour » de Guilleminet**, cadre doré.
85 d° d° d°
100 d° « Fleurs » signé Herbaux, cadre doré.
224 Gravure « Le Payeur de rentes », cadre bois sculpté.
228 Peinture « Baigneuse ».
248 **PEINTURE « ÉCOLE HOLLANDAISE »** cadre médaillon.
270 **d°** **d°**

274 Buste biscuit et socle.
320 **PEINTURE SUJET MILITAIRE DE CARLOS CARDON.**
343 d° « Le cap Gris-Nez », cadre doré.
346 d° « Paysage » d°
353 d° d° d°
355 Bronze « Antinoüs » socle marbre.
358 Peinture « Le Cuisinier » de Garnot, cadre doré.
391 Peinture « Les Roses ».
423-424 Terre cuite « Victoria » et sellette.
448 **PEINTURE « ÉCOLE ITALIENNE »** cadre doré.
467-468 Terre cuite « Négresse » et sellette.
471-472 Terre cuite « Don Quichotte » et sellette.
493 Peinture « Sous bois » de Leproux.
494 Statuette bois « Népomène ».
502 Gravure « La Politique au Village ».
503 Aquarelle.
504 d°
511 **Gravure ancienne** « Le Comte d'Artois » cadre noir et or.
525 **Gravure ancienne « Vue de Cambrai ».**
534 Lithographie « Les Chats ».
568 d° « Les Chiens ».
601 Aquarelle.
612 Gravure « Le Porteur de Dépêches » cadre doré
699 Peinture « Nature morte » cadre doré.
700 d° d° d°
729 Gravure « La Cigale » cadre doré.

756 Photogravure « Lever de Lune » signé L. Perrey.

758 Photogravure « Coucher de Lune » signé L. Perrey.

761 Chromo « Oiseaux ».

834 Lithographie, cadre doré, « Papillon ».

867 **Gravure cadre bois Signée « Jayet ».**

868 **d° d° « L'Enfant chéri », d'après Leprince.**

869 **Gravure cadre bois « L'Enfance », d'après Lancret.**

945 Lithographie « Noël ».

949 Aquarelle

951 d°

1116 Statuette « Sainte Cécile ».

1150 9 Petits « Amours Stuc ».

IV Candelabres, Flambeaux, Lampes, Appliques

25-23-27-321-322 **Surtout de table et 4 candelabres métal argenté Christophle ciselé.**

83 Lampe cuivre applique, fer forgé.

99 d°

188-189-191 Lampe, sujet « la Luciole de Causse », avec abat jour et sellette.

204 Lanterne d'antichambre
202 205 2 appliques cuivre.
207 Lampe cuivre et applique
213 Applique cristål.
231-232 2 Flambeaux Empire, bronze.
235 Lampe et suspension.
277-393 **2 Appliques Louis XVI bronze doré, 5 lumières.**
293 **Lustre empire bronze doré.**
357 Lampe et 2 appliques fer forgé.
360 Lampe anglaise cuivre.
417 Lampe cuivre, applique et chaînes.
421 Lampe à alcool.
425 **Lampadaire colonne bronze doré.**
434-652 2 Appliques et lampes bronze.
442-443 2 Appliques cuivre et lampe.
460 Lampe de jardin nickel.
463-464 **2 Lampes cache-pots empire.**
488 Lampe cuivre, applique et chaînes.
496 Lampe cuivre, applique et chaînes.
512-803 2 Appliques bronze et cristal.
599 690-701-703 **4 Appliques cuivre, 6 lumières.**
606 608 2 Flambeaux Christophle.
610 Bougeoir métal.
696 Lampe à alcool toupie cristal.
732 Lampe nickel support fer forgé.
769-900 2 Flambeaux bronze argenté.
873-875 **2 Appliques Louis XVI bronze doré.**

879-880 2 Flambeaux.
882-884 2 Lampes potiches.
888-889 2 Chandeliers.
897-890 2 Lampes colonnes onyx.
905-906 **2 Appliques Louis XVI cuivre.**

V. Glaces & Vitraux

---

171 Glace sans cadre.
246 **Glace ancienne Louis XVI cadre et fronton dorés** 74 × 72.
251 **Glace biseautée Louis XVI** cadre et fronton dorés 130 × 88.
331 Glace sans cadre 237 × 105.
332 d° 237 × 82.
333 d° 237 × 96.
336 d° 237 × 129.
337 d° 237 × 99.
340 d° 237 × 105.
505 Glace cadre doré 119 × 72.
558 Glace cadre doré 174 × 74.
566 d° 118 × 74.
619 **Glace cadre bois sculpté** 184 × 108.
722 **GLACE DE VENISE** 107 × 71.
742 Glace cadre bambou 174 × 74.
752 Glace cadre peluche 190 × 110.
764 Glace cadre doré 165 × 100.

772 **Glace cadre et fronton dorés** 84 × 72.
785 Glace cadre doré 120 × 72.
809 Glace cadre dore 166 × 62.
830 Glace cadre noir et or 130 × 76.
874 Glace cadre doré 140 × 91.
891 d° 115 × 73.
916 Glace cadre bois 140 × 64.
944 Glace ceintrée.
957 **Glace ancienne cadre do é.**
961 Petite glace.
1173 Glace cadre noyer 182 × 105.
6 vitraux couleur 196 × 45.
2 d° 100 × 40.

VI *Pendules, Garnitures de cheminée*

17 **PENDULE BOULE, SOCLE ÉCAILLE, TRÈS BELLE.**
32-33 34 Garniture de cheminée bronze **Pendule « Charmeuse d'oiseaux »** hauteur 1m15, **2 candélabres** hauteur 1m30.
217 Garniture de cheminée **ACIER ET ÉMAUX DE LIMOGES, PENDULE « GUERRIER » 2 CANDÉLABRES,** hauteur 0m78, **PIÈCE UNIQUE.**

498 **TRÈS BELLE HORLOGE A GAINE LOUIS XIV, RONCE DE NOYER, CUIVRES.**

727 **Garniture de cheminée.**
Pendule et 2 candélabres cuivre, hauteur 0m66.

881 Pendule bronze sujet bergère.

VII. Cuivres

159-162-165-166 **Service pincettes cuivre.**

161 Foyer cuivre.

164 Chenets.

201 Plat cuivre.

203 **Plat bronze.**

206 Plat cuivre.

208 d°

209 d°

210 d°

282-283 Service pincettes cuivre.

291 Foyer cuivre.

298 Chenets.

341-345 2 Jardinières cuivre.

342 Aiguière cuivre et cuvette.

374 Charbonnière cuivre

375 Jeu de pincettes cuivre.

376 Foyer cuivre.

508-513-514-802 2 Brûle-parfums bronze et supports.

618 Chenets.

829 Réchaud et brûloir cuivre rouge.

840 Jeu de pincettes.

VIII. Tapis

397 Tapis Beauvais 4^{m}65 × sur 4^{m}60.

839 **Tapis** moquette 4^{m}40 × sur 4^{m}.

1082 **Carpette Orient** 3^{m}50 × 2^{m}60.

1083 **Carpette point de Tournay** 2^{m}65 × 2^{m}35.

1084 Tapis 5^{m}45 × 5^{m}05.

» 3 Descentes de lit.

1103 Tapis moquette 5^{m}05 × 3^{m}50.

1104 Descente de lit.

1107 Tapis d'escalier et de passage 30 mètres.

1118 Tapis rouge 4^{m}95 × 4^{m}90.

1145 Tapis 5^{m} × 4^{m}15.

Devant de foyer.

1151 Corpette moquette 4^{m}10 × 2^{m} 80.

1152 Devant de foyer moquette

1170 Carpettes moquette 3^{m}85 × 3^{m}.

1171 2 Devants de foyer.

1156 Tapis fourrure chèvre.

Tapis du Grand salon, point de Beauvais 9^{m}90 × 7^{m}.

IX. Salle à manger

156 **Bahut chêne ancien.**

157-167 2 fauteuils Henri II noyer, recouverts drap marron.

163 **Egouttoir chêne sculpté.**

168-178-179 184-363-595 6 chaises colonnettes sculptées cannées.

169-173-174-180 181-182-214-617 8 chaises cannées sculptées.

170 Encoignure Tilleul Louis XVI, dessus marbre.

172 **Argentière chêne sculpté.**

175 Console Louis XIV sculptée dessus marbre.

187 Grande table noyer 5 allonges.

621 **Table Louis XV sculptée dessus marbre.**

649 Encoignure Tilleul Louis XVI dessus marbre beaux rideaux drap marron, portière, accessoires.

X. Bibliothèque

301 **Console Louis XIV bois sculpté dessus marbre.**

304-308 **2 Fauteuils Louis XIII bois sculpté, cannés.**

306 Petite console Louis XIV bois sculpté dessus marbre.

339 Console Louis XV bois sculpté dessus marbre.

354-362-364-371 4 Fauteuils confortables recouverts drap rouge.

359 **Fauteuil de bureau Louis XIII chêne sculpté garniture drap rouge.**

361 **Grand bureau chêne sculpté.**

370 Bibliothèque chêne.

377-384 **2 Chaises Renaissance anciennes bois sculpté.**

XI. Chambre à coucher

CHAMBRE THUYA ET PALISSANDRE.

724 Lit de milieu.

725 Table de nuit.

726 d°

730 Grande armoire **3 glaces.**

798 Toilette lavabo, marbre blanc.

1091 1 chaise longue, 2 fauteuils, 2 chaises chauffeuses. } velours anglais.

Rideaux, tentures et accessoires.

Chambre Pitch-Pin

704 Grande armoire deux portes.
774 Lit de milieu.
788 Armoire à glace.
789 Table de nuit.
795 Bidet.
Rideaux, tentures et accessoires.

Chambre à coucher acajou

507-509-523 524-801 } 1 fauteuil, 4 chaises acajou.
526 Table de nuit vide-poches acajou.
528 Lit acajou, sommier élastique.
529 Secrétaire acajou, dessus marbre blanc.
530 Armoire à glace acajou.
556 Bidet acajou.
Rideaux, tentures et accessoires.

Cabinet de toilette

740 **Toilette lavabo, bois peint, 2 places, dessus marbre blanc.**
921 Commode toilette, bois peint au ripolln.

557 Table de toilette, bois peint au ripolin, dessus marbre blanc

808 Commode toilette, bois peint, dessus marbre noir.

669 Commode toilette acajou, marbre blanc.

XII Salons

GRAND SALON LOUIS XIV

1 Canapé
4 Fauteuils
4 Chaises
Bois sculpté doré

2 Poufs
1 Dagobert acajou et cuivre
Recouvert de soierie de Lyon rouge et or

1 Pendule.
2 Candélabres.
1 Foyer de cheminée.
2 Chenets.
1 Galerie.
1 Porte-pelle et service.
1 Lustre 30 lumières, cristaux anciens.
Bronze massif doré

1 Cheminée marbre blanc.

1 Glace biseautée cadre et fronton dorés.

1 Grande table bois sculpté doré, marbre blanc.

Tentures soie cerise, portière soierie de Lyon rouge et or.

Le tout du même style.

PIÈCE UNIQUE.

PETIT SALON LOUIS XVI

292	1 Canapé.	
250-271	2 Fauteuils.	**Laqué blanc**
275-299	2 Grandes chaises.	**Louis XVI**
245 398	2 Moyennes chaises.	**tapisserie**
394-396	2 Petites chaises.	**à la main**
294	1 Banquette.	

252 Console Louis XVI laqué blanc et or.

Rideaux, tentures et accessoires.

XV. Sellerie

---

1 Harnais double, cuivre initiales, brides montées avec mors et filets, guides de sûreté, chaînettes, complet.

1 Harnais double nickel, initiales, brides montées, complet.

1 Harnais double, bouclerie vernie, complet.

1 Harnais double poste, à bricoles, grelottières, cuivre, complet.

1 Harnais double maillechiort, complet.

1 Harnais simple, nickel, complet.

1 Harnais simple, cuivre, complet.

2 Bricoles bouclerie vernie, avec grelottières.

6 Torches de collier.

1 Selle complète avec martingale sangle, étriers acier, bride, mors, filet.

1 Selle complète (sauf étrivières).
1 Selle complète.
7 Fouets.
2 Bridons blancs buffle pour promenade.
1 Bridon étalonnier.
4 Brides en sangle avec longe.
2 Caparaçons vache vernie doublés cuir, bordure fine.
2 Traits pour cabriolet.
1 Caveçon.
3 Paires genouillères.
1 Collier tiqueur.
1 Muselière.
2 Caparaçons feutre, doublés drap.
2 Couvertures avec surfaix.
2 Filets chasse-mouche et 3 oreillettes.
1 Couverture drap blanc.
1 Couverture fourrure lynx doublée drap noir.
1 Couverture peau de bique noire, doublée drap.
1 Couverture de siège noire, doublée de bure.
1 Couverture de siège caoutchouc, doublure imperméable.
7 Tondeuses.
1 Couteau de chaleur.
2 Paires de ciseaux de pansage
1 Lot flanelles pour jambes.
1 Collier de bois à saignée.
9 Mors de brides acier.
2 Paires étriers à ressorts.
4 Filets pour brides de selle, acier.

1 Paire chainette acier pour harnais double.
4 Filets ordinaires.
4 Couvertures d'été pour chevaux.
4 Couvertures d'hiver doublées.
4 Couvertures d'écurie.
1 Bouillotte garnie moquette.
2 Caparaçons cuir ordinaire.
1 Jockey caoutchouc avec sangle.
1 Harnais de cariole complet, bouclerie vernie.
1 Collier de voiture simple.
1 Meuble de sellerie à tiroirs.
1 Tableau drap.
1 Chevalet bois verni à glissière.
1 Chevalet ordinaire.
1 Suspension, lampe pétrole.
2 Cornes moufflon.
8 Porte-sellettes argentés.
8 Porte-colliers.
12 Crochets pour bride.
3 Porte-selles.
1 Lot de crochets cuivre.

XIV Voitures

---

1 BREACK OMNIBUS ÉTAT DE NEUF.
1 Coupé, roues à bandages caoutchouc, brancards et flèche.

1 Victoria, roues à bandagei, brancards et flèche, strapontin invisible.

1 Breack de chasse découvert.

1 Phaéton capote démontable.

1 Duc à siège démontable.

1 Cariole.

XVI Vins

---

60 Bouteilles genièvre.
130 » Clos Saint-Jean 1889.
160 » Moulin à Vent 1874,
15 » Barsac 1878.
30 » Pommerol 1893.
90 » Chambertin 1889.
60 » Sauterne 1890.
140 » Latour Laspic 1887.
80 » Chateau Léoville 1874.
60 » Chassagne Clos Saint Jean 1885.
20 » Fronsac.
150 » Richebourg 1886
220 » Lur-Saluces 1898.
270 » Pauillac 1900.
30 » Vin du Rhin.
12 » Mercier.
20 Montrachet.
50 Pauillac 1876.
20 Beaune frère 1868.

20	Mouton Rotschild.
80	Haut Bages.
220	Château Laroze 1898.
180	» 1897.
320	» 1900.
240	» 1900

Et quantité d'objets divers non désignés au présent catalogue, **literie, ustensiles de ménage, de cuisine et de jardin, meubles, plantes, outils, etc, etc.**

La vente commencera chaque jour à midi et demi précis.

Exposition des meubles le DIMANCHE 15 OCTOBRE, de 9 heures à midi et de 2 heures à 5 heures et le matin de chaque vente de 9 heures à midi.

S'adresser pour tous renseignements et permis de visiter :

A MM. Bernheim, frères et fils, 23, rue de l'Arcade à Paris;

M. Mayer, 44, boulevard de Belfort, à Amiens ;

Et à Me FLAMAND, notaire, 19, rue de Noyon, à Cambrai.

CAMBRAI. — Imp. D'HALLUIN-CARION.

www.ingramcontent.com/pod-product-compliance
Ingram Content Group UK Ltd.
Pitfield, Milton Keynes, MK11 3LW, UK
UKHW022148260726
13993UKWH00005B/2241